Kurt A. Bernecker

Fröhliche Ostern

Alle in diesem Buch veröffentlichten Abbildungen und Modelle
sind urheberrechtlich geschützt und dürfen nur mit
ausdrücklicher Genehmigung des Verlages und der Urheber
gewerblich genutzt werden.

© 1992 Ravensburger Buchverlag Otto Maier GmbH
Alle Rechte vorbehalten
Umschlaggestaltung: Ekkehard Drechsel
Fotos: Thomas A. Weiss
Musterzeichnungen: Niels Jüppner
Printed in Germany

95 94 93 92   4 3 2 1

ISBN 3-473-42488-9

Kurt A. Bernecker

Fröhliche Ostern

20 Vorlagen für Kreuzstich

Otto Maier Ravensburg

Inhalt

5 Einführung
6 Der Kreuzstich
8 Die Materialien:
Das Stickgarn
Aufstellung der HD-Garne
Die Stoffe
Die Nadel
Waschen und Pflege
Bezugsquellen-Hinweise
9 Die Muster in diesem Buch
11 Häschen in den Blumen
12 Häschentanz
13 Häschenspiel
19 Hase mit Blümchen und Dicker Hase (Grußkarten)
20 Hasenpärchen (Tischläufer)
21 Sitzender Hase (Band)
24 Mini-Hasen (Band)
25 Küken und Frosch (Band)
31 Die Osterproduktion
36 Die Osterproduktion (Einzelmotive)
42 Fliehender Hase (Tischdecke)
42 Sitzender Hase (Tischdecke
48 Narzissen (Serviettentasche)
49 Narzissen (Set, Serviette)
51 Graues Häschen
53 Hasenkinder (Passepartout-Buch)
55 Hasen mit Esel
55 Hasen mit Fußball
59 Hasen bei der Gartenarbeit
61 Entenmarsch
63 Hundsveilchen

Einführung

Daß der Kreuzstich in den letzten Jahren so viele neue Freunde gefunden hat, liegt nicht nur an der leichten Erlernbarkeit der Technik, sondern in großem Maße auch an den vielen neuen Materialien und Mustern, die einfach zum Nacharbeiten anregen.

Besondere Leinensorten mit genauer quadratischer Struktur, Bänder, Sets und eine große Anzahl anderer Gebrauchsartikel sind – in Verbindung mit den „Malfarben", dem Stickgarn – die Grundlage für ein gutes, kunsthandwerkliches Ergebnis und die Freude am eigenen Werk.

Sicher haben die traditionellen Muster ihren unverrückbaren Platz in der Kreuzstickerei, doch durch die stetige Überlieferung mit nicht immer geglückten Veränderungen ging der Reiz daran vielleicht etwas verloren.

Für die bleibende Beliebtheit des Kreuzstichs war daher von großer Bedeutung, daß Designerinnen und Designer zeitgemäße Muster entwarfen und entwerfen. Mit Vorliebe wählen sie dabei Themen, die bewußt unserer unmittelbaren Umwelt entlehnt sind. Deutlich sind in der Regel die charakteristischen Handschriften der einzelnen Designer zu erkennen. Doch gerade die oft sehr unterschiedlichen Auffassungen desselben Themas reizen immer wieder zum Nacharbeiten. Dabei soll keineswegs alles vorgeschrieben werden. Veränderungen oder Farbabwandlungen nach den Wünschen des Ausführenden sind durchaus gewollt. Denn die gewählten Farben und

Muster spiegeln letztlich nur die künstlerische Ansicht des Designers wider.

Mit dem vorliegenden Buch ist ein Thema gewählt worden, das im Kreuzstichsektor immer ein wenig zu kurz kam. Warum, ist nur schwer zu ergründen. Das Osterfest ist zwar ein sehr besonderes Fest, doch hat es – im Gegensatz zu Weihnachten – eine vergleichsweise kurze „Saison"; vielleicht liegt es daran.

Im deutschsprachigen Raum spielt in der Osterzeit, von religiösen Motiven einmal abgesehen, der Hase eine dominierende Rolle. Darum wurde er auch zum zentralen Motiv dieses Buches. Doch wird der „Leser" ebenso Muster und Vorlagen finden, die auch nach den Osterfeiertagen ihre Verwendung finden.

Das enggefaßte Thema wäre für den Verfasser allein nicht zu bewältigen gewesen – möglicherweise wäre es zu einseitig geworden. So gilt mein besonderer Dank dem Designer Wolfram Schernikau, der eine große Zahl der österlichen Muster zu diesem Buch beigesteuert hat. Durch eine mehrjährige Zusammenarbeit ist das gegenseitige „Kreuzstichverständnis" so gewachsen, daß wir dieses Thema gemeinsam erarbeiten konnten.

Zum Schluß wünsche ich Ihnen viel Spaß beim Nacharbeiten der österlichen Motive und vor allem viel Freude am gelungenen Werk!

Ihr Kurt A. Bernecker

Der Kreuzstich

Der Kreuzstich wird je nach verwendetem Material mit einem, zwei oder mehr Fäden des gewählten Stickgarns über einen, zwei oder mehr Fäden des gewählten Stoffes gestickt. Je nach Stärke des Garns benötigt man einen, zwei oder mehr Fäden. Dabei ist zu beachten, ob es sich um feinere Gewebe oder gröbere handelt. Die Ansicht, der ausgeführte Kreuzstich müsse das Gewebe voll überdecken, ist überholt. Gerade wenn etwas Stoff durchschimmert, wirkt das gestickte Motiv sehr viel weicher. Beim ausgezählten Kreuzstich sollten Sie nur Gewebe verwenden, die gleichmäßig, also quadratisch, im Fadenverlauf (Kette und Schuß) sind. Nicht in dieser Form gewebte Stoffe ergeben eine starke Verzerrung des gestickten Motivs. Zu vermeiden ist außerdem das „Anstechen" der gewebten und bereits gestickten Fäden. Der Kreuzstich wird in aller Regel von links unten nach rechts oben (Unterstich) und dann von rechts unten nach links oben (Deckstich) ausgeführt. Die Feinheit der Entwürfe macht es zuweilen erforderlich, halbe Kreuzstiche, dreiviertel Kreuzstiche, versetzte Kreuzstiche und Steppstiche zu verwenden. Nebenstehend finden Sie genaue Zeichnungen der verschiedenen Sticharten. Sofern diese bei einzelnen Motiven verwendet wurden, finden Sie die entsprechenden Hinweise in den Legenden der Zählvorlagen, wobei „H" für halbe Kreuze und „S" für Steppstiche steht.
Sofern Sie nicht die gezeigten Bänder sticken, ist zuvor die Größe des Stoffes festzulegen. Sie können dies durch Abzählen der gezeichneten Kästchen in Länge und Breite ermitteln. Bei der Auflistung der Muster auf Seite 9 sind die verwendeten Materialien genau angegeben. Die Anzahl der Fäden des Stoffes je cm bestimmt die Größe der Stickerei in Verbindung mit dem Muster. Verwenden Sie das häufig benutzte Leinen mit 12 Fäden je cm, bedeutet dies, daß Sie 6 Kreuze (gestickt über zwei Fäden) auf den cm sticken können. In der Umkehrung erhalten Sie die Größe der Stickerei, wenn Sie die Anzahl der gezeichneten Kästchen durch 6 teilen.
Beispiel: Länge 64 Kästchen : 6 = 10,66 cm,
            Breite 36 Kästchen : 6 = 6 cm.

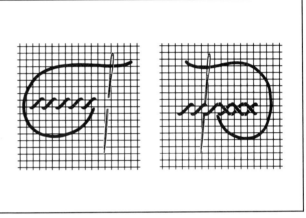

Kreuzstich in waagerechten Reihen: Die Hinreihe bildet die Unterstiche, die Rückreihe die Deckstiche. Auf der Rückseite verlaufen die Fäden senkrecht.

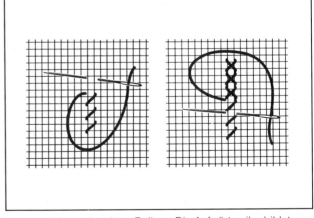

Kreuzstich in senkrechten Reihen: Die Aufwärtsreihe bildet die Unter-, die Abwärtsreihe die Deckstiche. Die Fäden auf der Rückseite verlaufen waagerecht.

Geben Sie jetzt genügend Stoffrand zu, damit Sie später beim Rahmen keine Schwierigkeiten haben. Sicherheitshalber haben wir Ihnen immer eine Größe (Schneidmaß) empfohlen, mit der nichts schiefgehen kann.
Bevor Sie den ersten Kreuzstich ausführen, ermitteln Sie durch Falten des Stoffes die Mitte, suchen mit Hilfe der Pfeile die Mitte in der Zeichnung und beginnen dann in der Stoffmitte mit der in der Zeichnung angegebenen Farbe zu sticken. Halten Sie dabei ein etwa 10 cm langes Stück des Fadens zurück. Nach einigen Kreuzstichen fädeln Sie aus und „vernähen" das Endstück, indem Sie mit der Nadel unter drei gestickten Fäden auf der Rückseite durchgehen und dann über den letzten Faden und unter den beiden restlichen zurückgehen. Dann können Sie das Stickgarn kurz abschneiden. So verankert, hält es viele Wäschen aus, ohne sich zu lösen.
Bei der Kreuzstickerei sollte man so lange wie möglich in einer Farbe bleiben und erst den Unterstich in einer Reihe ausführen, bevor man mit dem Deckstich zurückgeht. Natürlich kann man auch jeden Kreuzstich komplett ausführen. Allerdings benötigen Sie dann erheblich mehr Stickgarn. In der Regel können Sie bei einem 12fädigen Gewebe davon ausgehen, daß Sie mit 1 m Stickgarn etwa 70 Kreuze sticken können.
Noch etwas zu den Stoffen. Vielleicht möchten Sie gröbere Gewebe wählen oder nur Teile der einzelnen Motive auf Gebrauchsartikel sticken. In diesem Fall hilft Ihnen die nachfolgende Tabelle bei der Umrechnung:

Stoff: Baumwolle/Leinen über zwei Fäden gestickt

	10 Fäd/cm	12 Fäd/cm	14 Fäd/cm
Breite: 148 Kästchen	29,6 cm	24,7 cm	21,1 cm
Höhe: 21 Kästchen	4,2 cm	3,5 cm	3,0 cm
Teiler:	5	6	7

Die gezeigten Bänder sind nur zum Teil aus Leinen. In zwei Fällen wurden auch Bänder mit Aida-Bindung gewählt, die aufgrund ihrer besonderen Webart nur das Sticken über einen (aus mehreren Fäden zusammengefaßten) Faden ermöglichen.
Bevor Sie die Länge des Bandes bestimmen, sollten Sie beachten, daß die Enden entweder gerade gefaßt oder zu einer Spitze (als „Tütchen") gefaltet werden müssen. Beim Sticken beginnen Sie auch hier von der Mitte eines Rapports und von der Mitte des Bandes aus. Sind auf dem Band einzelne Motive vorgesehen, sollten Sie das Band in voller Länge auslegen und Papierstücke in der Länge des jeweiligen Motivs zurechtschneiden. Diese Papierstücke können Sie so, wie es Ihnen gefällt, auf dem Band verteilen und die Stellen dann mit Stecknadeln oder einem Faden markieren.
Bei den Tischdecken dürfen Sie auf keinen Fall den Saum vergessen, der natürlich doppelt liegen sollte. Ganz sicher hilft Ihnen Ihr Fachgeschäft gern weiter, wenn bei der Stickarbeit weitere Fragen auftauchen.

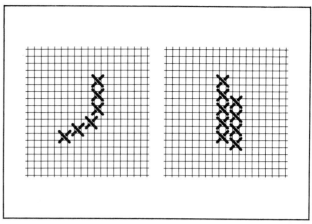

Der versetzte Kreuzstich: In den letzten Jahren sind solche Stiche üblich geworden, da sie auf kleinstem Raum eine besonders exakte Gestaltung des Entwurfs zulassen. Die Spitzen eines versetzten Kreuzstichs befinden sich jeweils unter- oder oberhalb, rechts oder links des vorangegangenen Stichs.

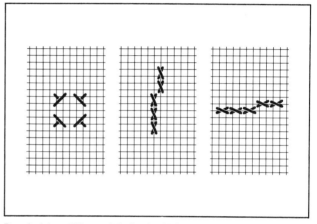

Der dreiviertel Kreuzstich (in der Abb. links):
Hier wird der erste Stich nur bis zur Kreuzmitte geführt.
Der halbe Kreuzstich (Mitte und rechts): Die breite Öffnung des Kreuzes befindet sich zwischen zwei Gewebefäden, die schmale zwischen einem Faden.

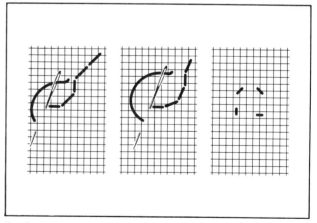

Der Steppstich (in der Abb. links und Mitte): Dieser Stich verläuft über zwei Gewebefäden.
Der frei gesetzte Steppstich (rechts): Hier sind die einzelnen Stiche nicht miteinander verbunden. Zwischen zwei Stichen liegt mindestens ein Gewebefaden.

Die Materialien

Das Stickgarn

Für die Stickentwürfe dieses Buches wurden ausschließlich HD-Garne der Firma Uhlenhof-Stickereien gewählt. HD-Garn ist ein reines Baumwollgarn, nicht mercerisiert, in matter Färbung und mit sehr guter Zwirnung, die das Sticken sehr erleichtert. Gestickt wird mit einem Faden. Das Garn ist nach Angaben des Herstellers indanthren gefärbt; nach der ersten Wäsche bei 60 °C ist es farb- und lichtecht. Es hat einen geringen Verflusungsgrad. Natürlich kann man auch andere Stickgarne verwenden. So wie der Maler die Farben wählt, mit denen er das beste Ergebnis erzielt, so arbeitet der Designer bei seinen Entwürfen mit dem Stickgarn, das nach seiner Ansicht die besten Resultate bringt. Umsetzungen in andere Garnfarben bedeuten immer eine Veränderung und sind damit ein Kompromiß, den der Designer nicht eingehen will. Da viele Sticker und Stickerinnen wiederum „ihre" Garne bevorzugen, sind den HD-Garnen in der nebenstehenden Übersicht verständliche Farbangaben beigefügt, die das Umsetzen erleichtern sollen. Einige Ratschläge sind trotzdem erforderlich: Bei der Auswahl anderer Stickgarne müssen Sie grundsätzlich berücksichtigen, daß mercerisierte Garne in den Farben etwas „härter" wirken. Bei anderen, matten Garnen sind die Farbverschiebungen oft sehr bedeutend. Im Falle einer Umsetzung sollten Sie daher zuerst die dem Originalgarn am nächsten kommenden Farben heraussuchen und nebeneinanderlegen. Prüfen Sie, ob die Farben, die Sie herausgesucht haben, miteinander harmonieren. Tauschen Sie störende Farben gegen „weichere" oder gegen andere Farbtöne aus, bis Sie die Farbabstufungen als gelungen betrachten. Es kommt oftmals nicht so sehr darauf an, den in der Vorlage verwendeten Farbton genau zu treffen, wichtig ist vielmehr, daß die Farbverschiebungen nicht stören. Dabei muß beispielsweise Grün natürlich immer Grün bleiben. Schreiben Sie dann Ihre Farbnummern neben die im Buch angegebenen. Wichtig: Beachten Sie die Angaben des jeweiligen Herstellers hinsichtlich der Waschbarkeit!

Aufstellung der HD-Garne

700	Natur	738	Goldgelb
701	Weiß	739	Mattgelb
702	Dunkelgrün	740	Hellgelb
703	Hellgrün	741	Blaßgelb
704	Leuchtendgrün	742	Gelbgrün
705	Blaugrün	743	Helltürkis
706	Graugrün, hell	744	Dunkelblau
707	Helloliv	745	Königsblau
708	Mittelgrün	746	Türkisblau
709	Maigrün	747	Königsblau, hell
710	Weihnachtsrot	748	Türkisblau, hell
711	Weihnachtsrot, hell	749	Dunkeltürkis
712	Orangerot, dunkel	750	Graublau, hell
713	Orangerot, hell	751	Mattblau, dunkel
714	Orangerot, mittel	752	Mattblau, mittel
715	Lilarot, hell	753	Mattblau, hell
716	Lilarot, mittel	754	Graubeige
717	Lilarot, dunkel	755	Graubeige, hell
718	Rosa	756	Blaugrau
719	Flieder, dunkel	757	Mittelgrau
720	Lila	758	Grüngrau
721	Blaulila, hell	759	Schwarz
722	Blaulila, dunkel	760	Graugrün, mittel
723	Flieder, hell	761	Weinrot
724	Pink	762	Graugrün, zart
725	Schwarzbraun	763	Dunkeloliv
726	Dunkelbraun	764	Mittelgrau, dunkel
727	Mittelbraun	765	Hellgrau
728	Hellbraun	766	Lachs
729	Rotbraun	767	Waldgrün
730	Braunorange	768	Himmelblau, hell
731	Dunkelorange	769	Hautton
732	Orange, mittel	770	Hellrosa
733	Mandarine		
734	Grünbeige		
735	Beige		
736	Hellbeige		
737	Hellorange		

Die Stoffe

Alle Stoffe, Bänder und Fertigartikel sind auf ihre Verwendbarkeit geprüft und zum Teil seit Jahren als Stickgrundlagen in Gebrauch. In aller Regel können die Stoffe bei 60 °C gewaschen werden und sind auch aus diesem Grund ideale Träger Ihrer Stickerei.

Bei Verwendung anderer Stoffe sollten Sie darauf achten, daß hinsichtlich der Waschbarkeit die genannte Gradzahl eingehalten werden kann. Zu weiche Stoffe verziehen und erschweren das Sticken ganz erheblich.

Die Nadel

Als Nadel sollten Sie die Nr. 24, bei gröberen Geweben (Fädigkeit) die Nr. 22 verwenden. Die Nadel sollte keine scharfe Spitze haben, da Sie sonst zu leicht die Fäden anstechen.

Waschen und Pflegen

Gerahmte Stickereien sollten immer durch Glas (jedoch kein Mattglas) geschützt werden. Die „angereicherte" Heizungsluft und die generelle Luftverschmutzung lassen das „offene" Aufhängen der Stickereien nicht ratsam erscheinen. Beim Sticken sollten Sie darauf achten, hin und wieder die Hände zu waschen, damit der Handschweiß die Stoffe nicht verschmutzt.

Wenn Waschen bei den Schmuckbildern (bei Gebrauchsartikeln ist es selbstverständlich) doch einmal notwendig wird, beachten Sie bitte die gegebenen Hinweise. Verwenden Sie nur Feinwaschmittel ohne optische Aufheller.

Bezugsquellen-Hinweise

Das aufgeführte Leinen ist der Artikel 3609/Belfast, Linda-Schülertuch der Artikel 1235. Die Bänder haben die Artikel-Nr. 7107. Diese Artikel werden von der Firma Zweigart & Sawitzki, Sindelfingen, hergestellt.

Das Läuferleinen und die Leinenbänder in 5 und 9 cm Breite kommen von der Firma Uhlenhof-Stickereien, ebenso die verwendeten Passepartouts und das Passpartout-Buch. Die Sets, die Servietten und Serviettentaschen können als Fertigartikel ebenfalls von Uhlenhof bezogen werden.

Beide Unternehmen versenden auf Anfrage genaue Bezugsquellen-Nachweise oder leiten Bestellungen an das nächste Fachgeschäft weiter.

Die Muster in diesem Buch

Motiv	Material	Schneidmaß	Seite
Häschen in den Blumen	Leinen 12 Fäd/cm, cremeweiß	24 x 24 cm	11
Häschentanz	Leinen 12 Fäd/cm, weiß	20 x 20 cm	12
Häschenspiel	Leinen 12 Fäd/cm, weiß	20 x 20 cm	13
Hase mit Blümchen, Dicker Hase (Grußkarten)	12 Fäd/cm, weiß	8 x 8 cm	19
Hasenpärchen (Tischläufer)	Läuferleinen 12 Fäd/cm	70 x 35 cm	20
Sitzender Hase (Band)	Leinenband 12 Fäd/cm	85 x 9 cm	21
Mini-Hasen (Band)	Aida-Baumwollband	je Motiv 60 x 5 cm	24
Küken und Frosch	Aida-Baumwollband	je Motiv 30 x 5 cm	25
Die Osterproduktion	Leinen 12 Fäd/cm, weiß	40 x 70 cm	31, 36/37
Fliehender Hase (Tischdecke)	Leinen 12 Fäd/cm, ecru	85 x 85 cm	42/43
Sitzender Hase (Tischdecke)	Linda-Schülertuch, ecru	85 x 85 cm	42/43
Narzissen (Serviettentasche)	Linda-Schülertuch		48
Narzissen (Set)	Linda-Schülertuch	43 x 32 cm	49
Narzissen (Serviette)	Linda-Schülertuch	42 x 42 cm	49
Graues Häschen	Leinen 12 Fäd/cm, weiß	25 x 25 cm	51
Hasenkinder (Passepartout-Buch)	Leinen 12 Fäd/cm, ecru	15 x 20 cm	53
Hasen mit Esel	Leinen 12 Fäd/cm, weiß	24 x 30 cm	55
Hasen mit Fußball	Leinen 12 Fäd/cm, weiß	24 x 30 cm	55
Hasen bei der Gartenarbeit	Leinen 12 Fäd/cm, weiß	24 x 30 cm	59
Entenmarsch	Leinen 12 Fäd/cm, weiß	15 x 20 cm	61
Hundsveilchen	Leinen 12 Fäd/cm, cremeweiß	24 x 24 cm	63

Zählvorlage zu Abb. Häschen in den Blumen

Häschen in den Blumen

Häschentanz (Zählvorlagen Seiten 14/15)

Häschenspiel (Zählvorlagen Seiten 16/17)

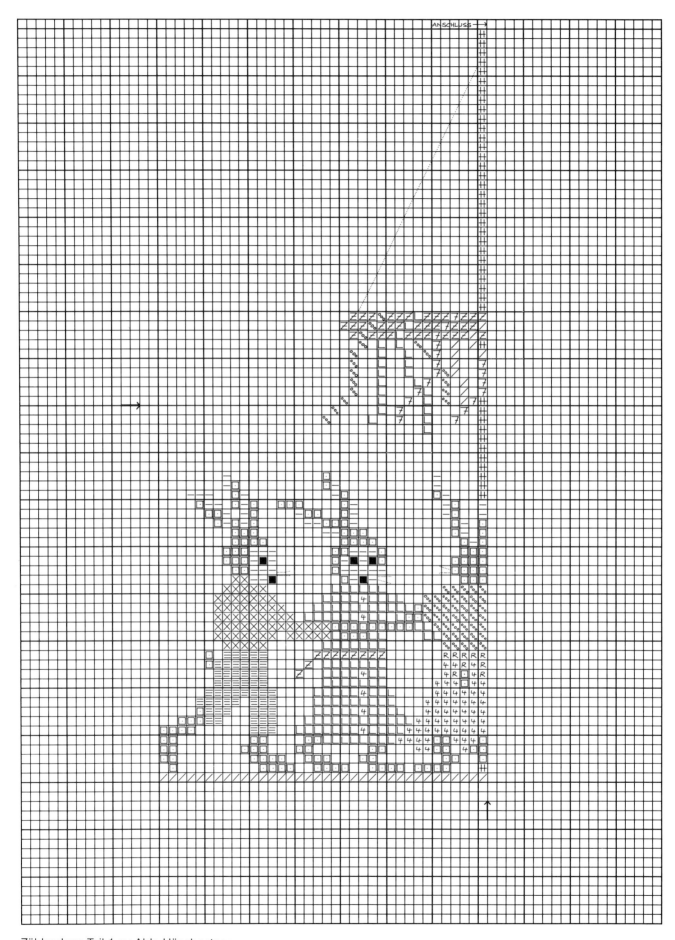

Zählvorlage Teil 1 zu Abb. Häschentanz

Zählvorlage Teil 2 zu Abb. Häschentanz

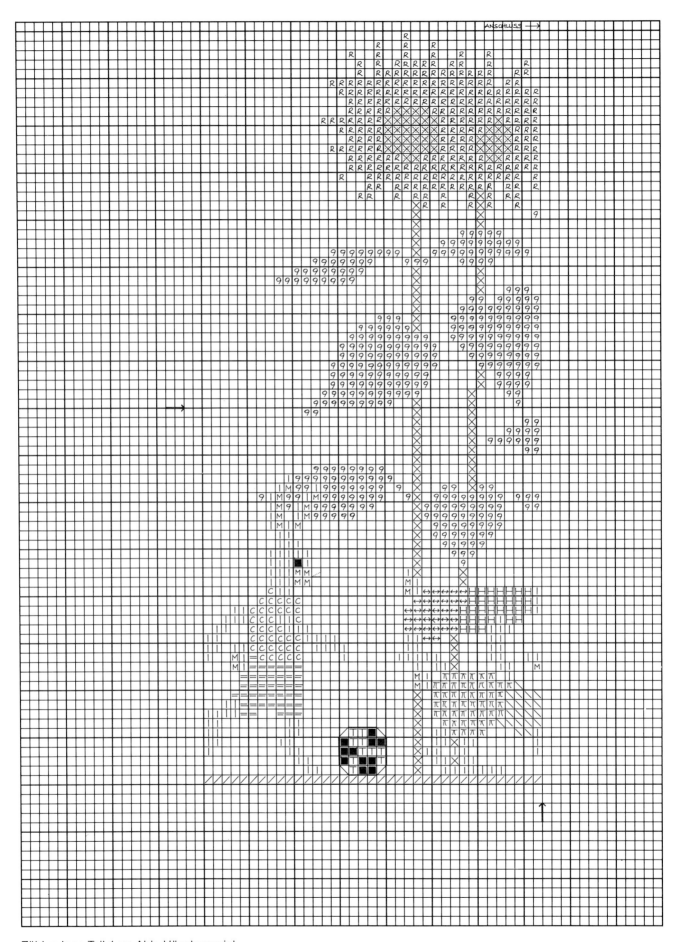

Zählvorlage Teil 1 zu Abb. Häschenspiel

T	=	700	X	=	729	α	=	753
/	=	706	—	=	735	■	=	759
X	=	708	M	=	736	π	=	761
H	=	711	R	=	738	\	=	762
L	=	727	C	=	741	↔	=	764
			=	=	751	9	=	767
								754

Zählvorlage Teil 2 zu Abb. Häschenspiel

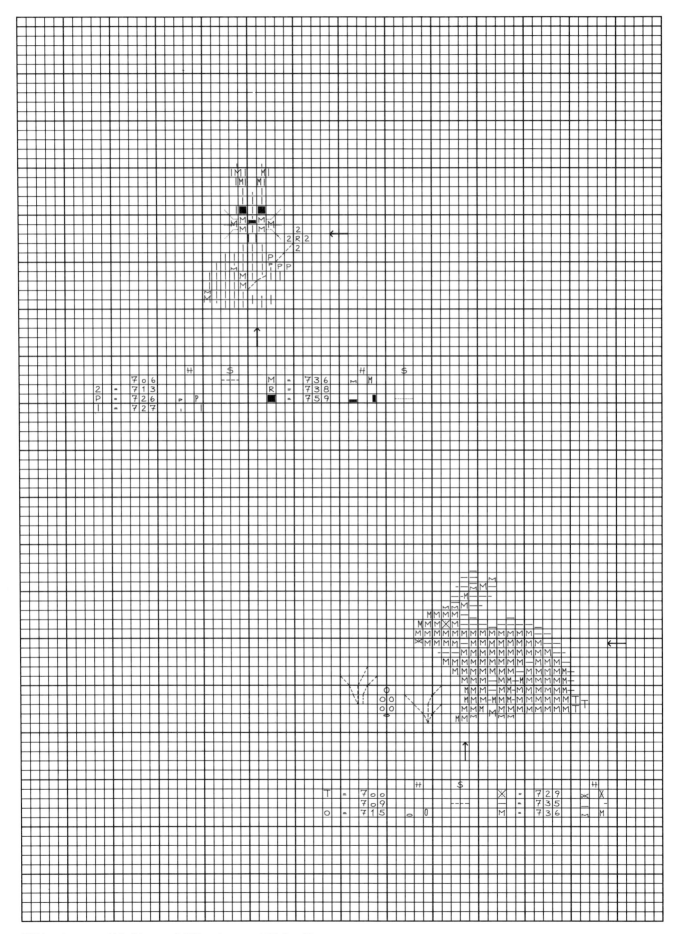

Zählvorlage zu Abb. Hase mit Blümchen und Dicker Hase

Hase mit Blümchen und **Dicker Hase** (Grußkarten)

Hasenpärchen (Tischläufer)

Sitzender Hase (Band)

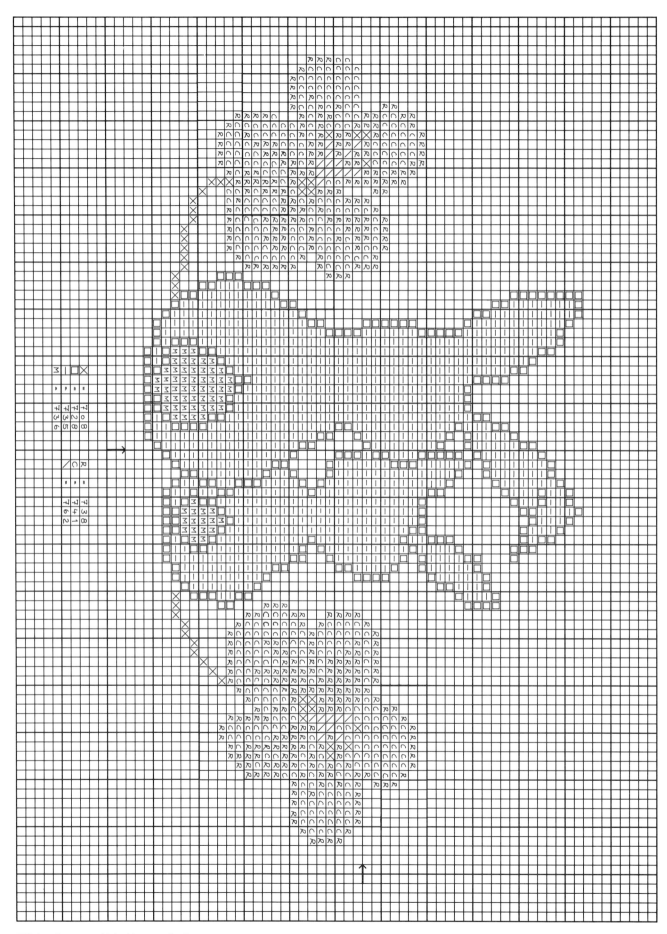

Zählvorlage zu Abb. Hasenpärchen

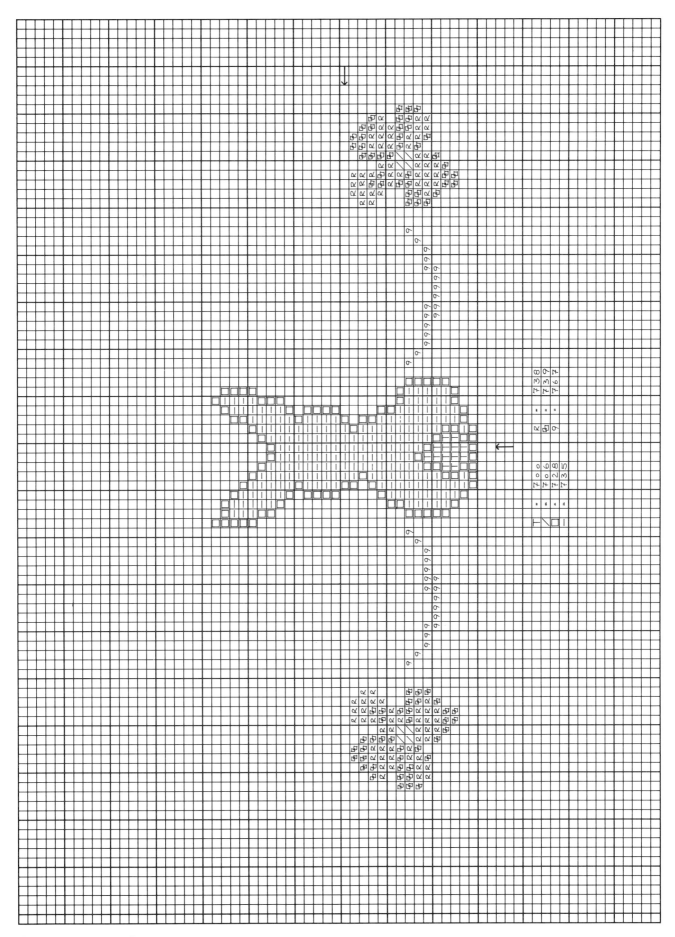

Zählvorlage zu Abb. Sitzender Hase

Mini-Hasen (Band, Zählvorlage Seiten 26/27)

Küken und Frosch (Band, Zählvorlage Seiten 28–30)

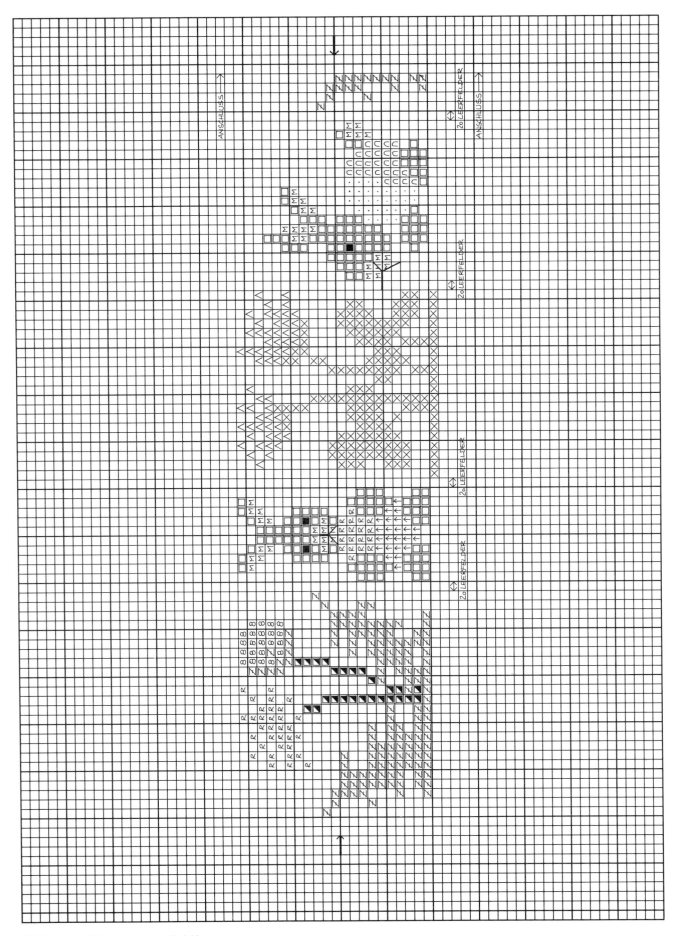

Zählvorlage Teil 1 zu Abb. Mini-Hasen

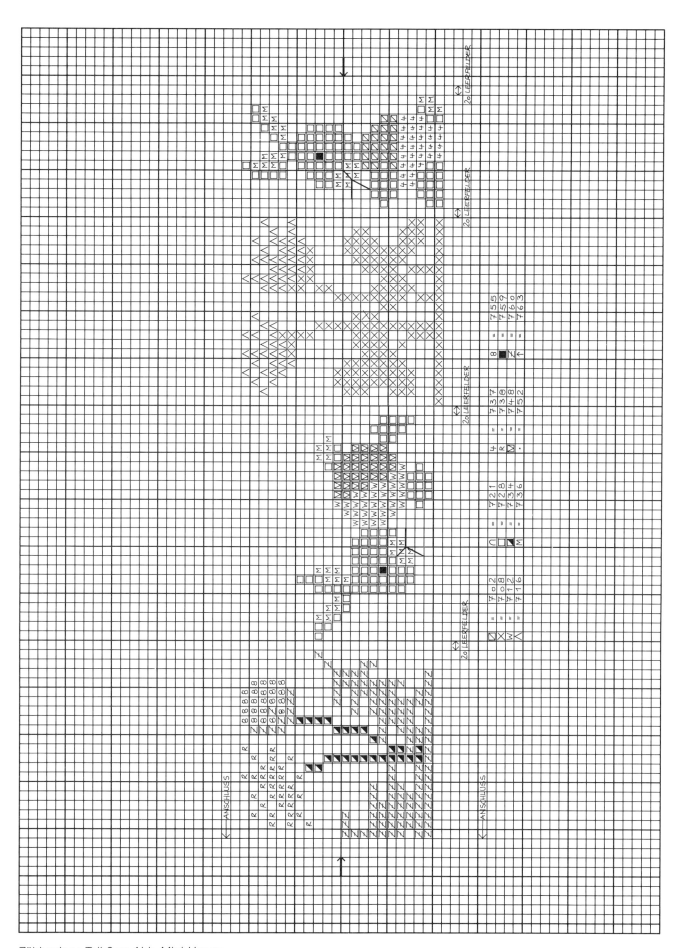

Zählvorlage Teil 2 zu Abb. Mini-Hasen

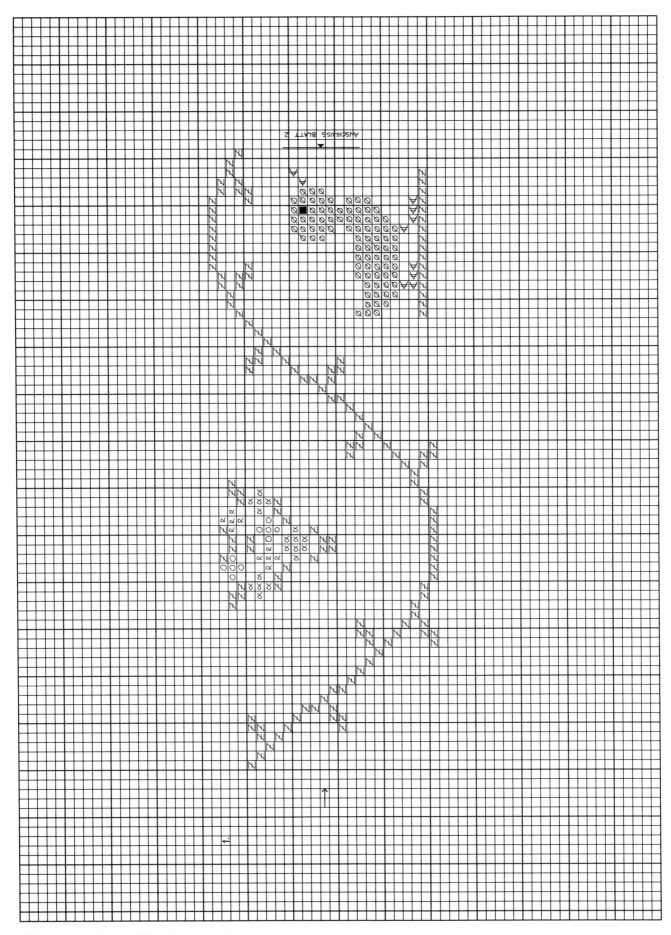

Zählvorlage Teil 1 zu Abb. Küken und Frosch

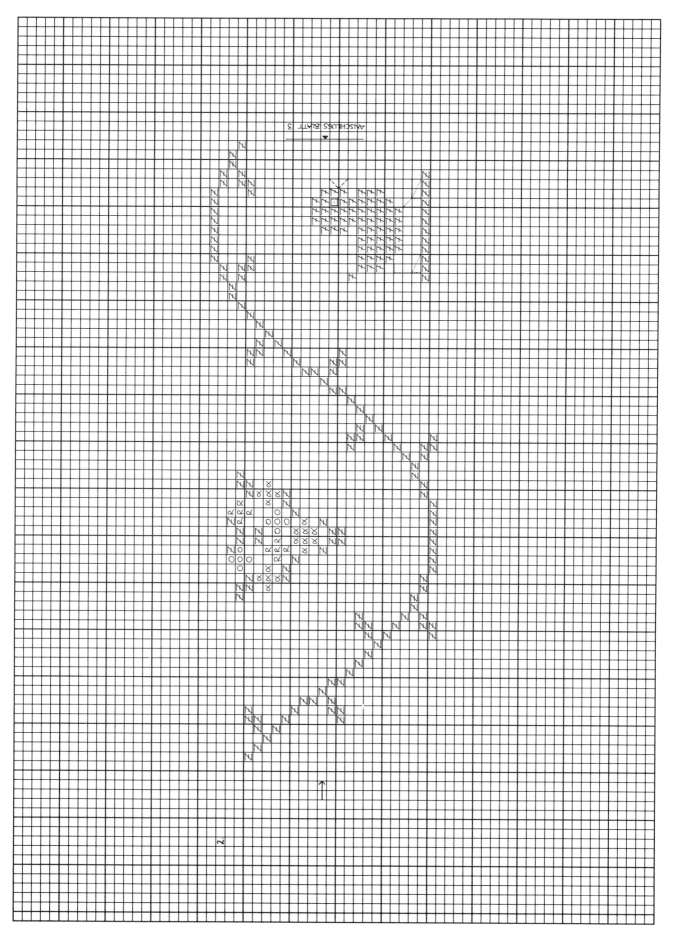

Zählvorlage Teil 2 zu Abb. Küken und Frosch

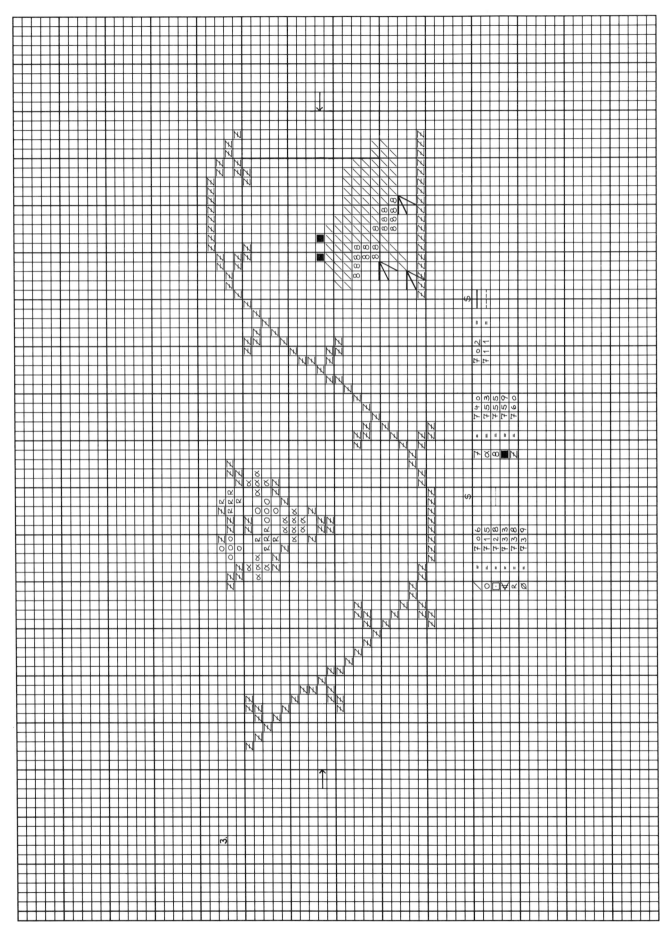

Zählvorlage Teil 3 zu Abb. Küken und Frosch

Wer's noch nicht wußte, wie die schönen bunten Ostereier entstehen: **Die Osterproduktion.**

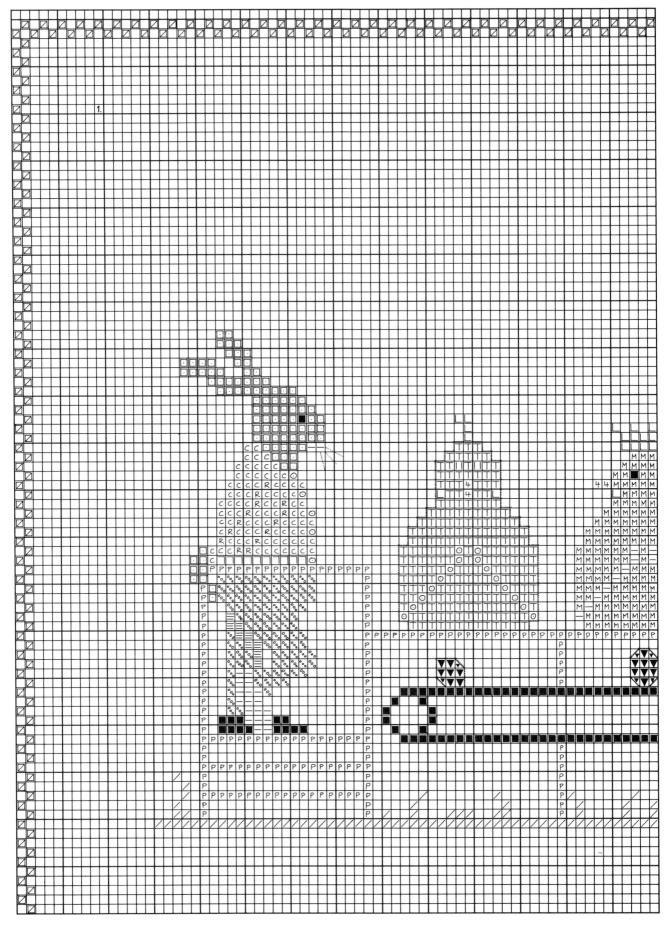

Zählvorlage Teil 1/Motiv 1 zu Abb. Osterproduktion

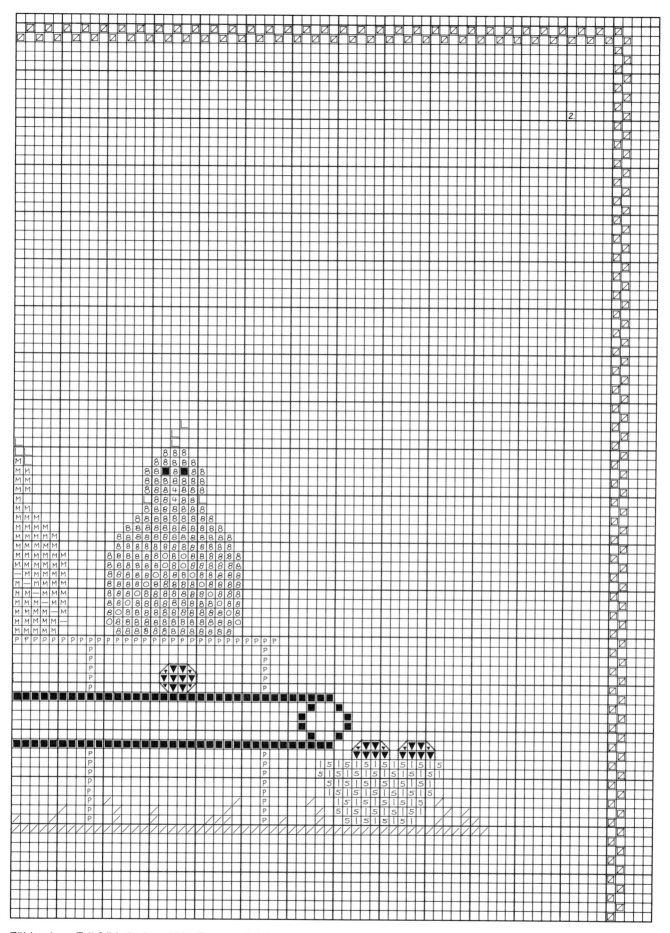

Zählvorlage Teil 2/Motiv 1 zu Abb. Osterproduktion

Zählvorlage Teil 1/Motiv 2 zu Abb. Osterproduktion

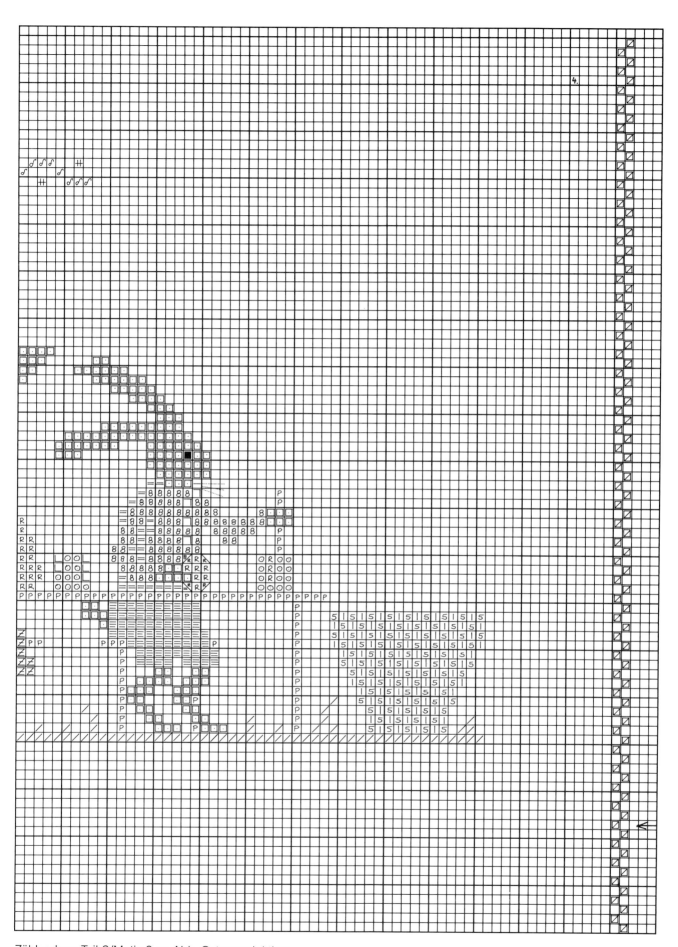

Zählvorlage Teil 2/Motiv 2 zu Abb. Osterproduktion

Die Osterproduktion: Motive 1 und 2

Die Osterproduktion: Motive 3 und 4

Zählvorlage Teil 1/Motiv 3 zu Abb. Osterproduktion

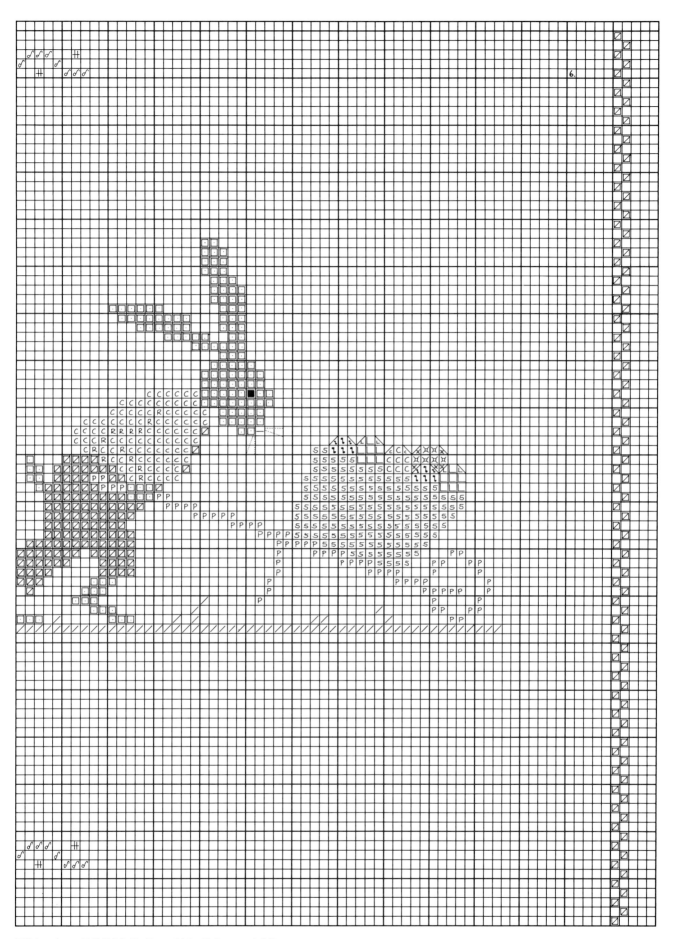

Zählvorlage Teil 2/Motiv 3 zu Abb. Osterproduktion

Zählvorlage Teil 1/Motiv 4 zu Abb. Osterproduktion

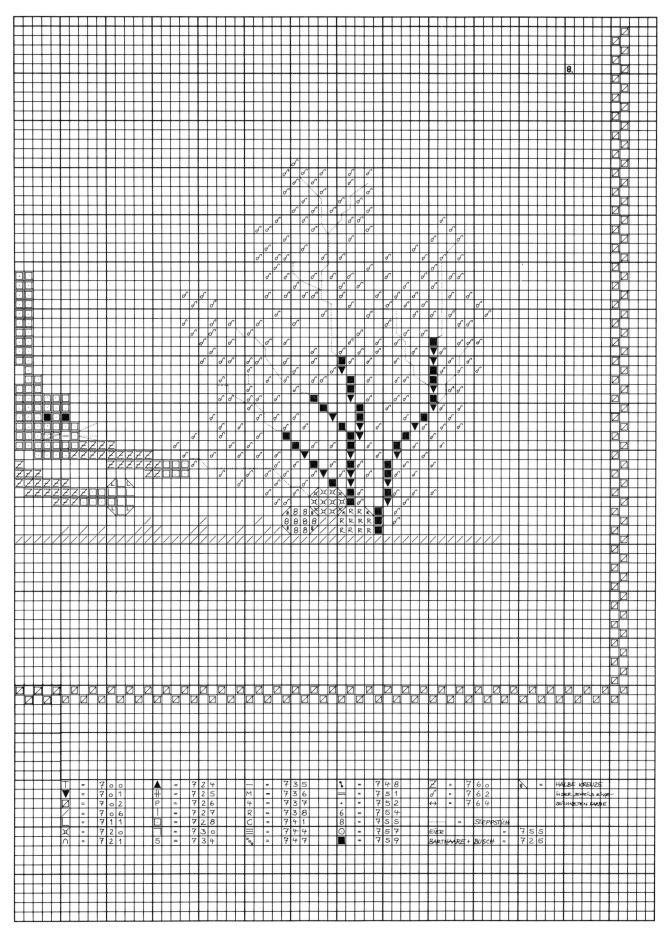

Zählvorlage Teil 2/Motiv 4 zu Abb. Osterproduktion

Fliehender Hase (oben, Zählvorlage Seiten 44/45), **Sitzender Hase** (unten, Zählvorlage Seiten 46/47)

Kreuzstickerei in nur einer Farbe: zwei sehr dekorative Tischdecken.

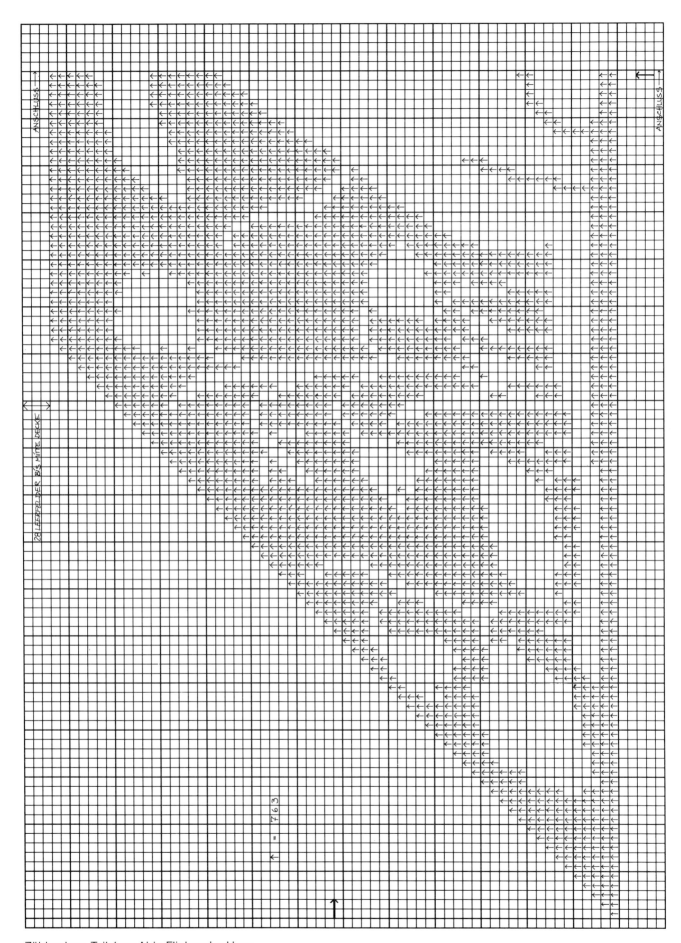

Zählvorlage Teil 1 zu Abb. Fliehender Hase

Zählvorlage Teil 2 zu Abb. Fliehender Hase

Zählvorlage Teil 1 zu Abb. Sitzender Hase

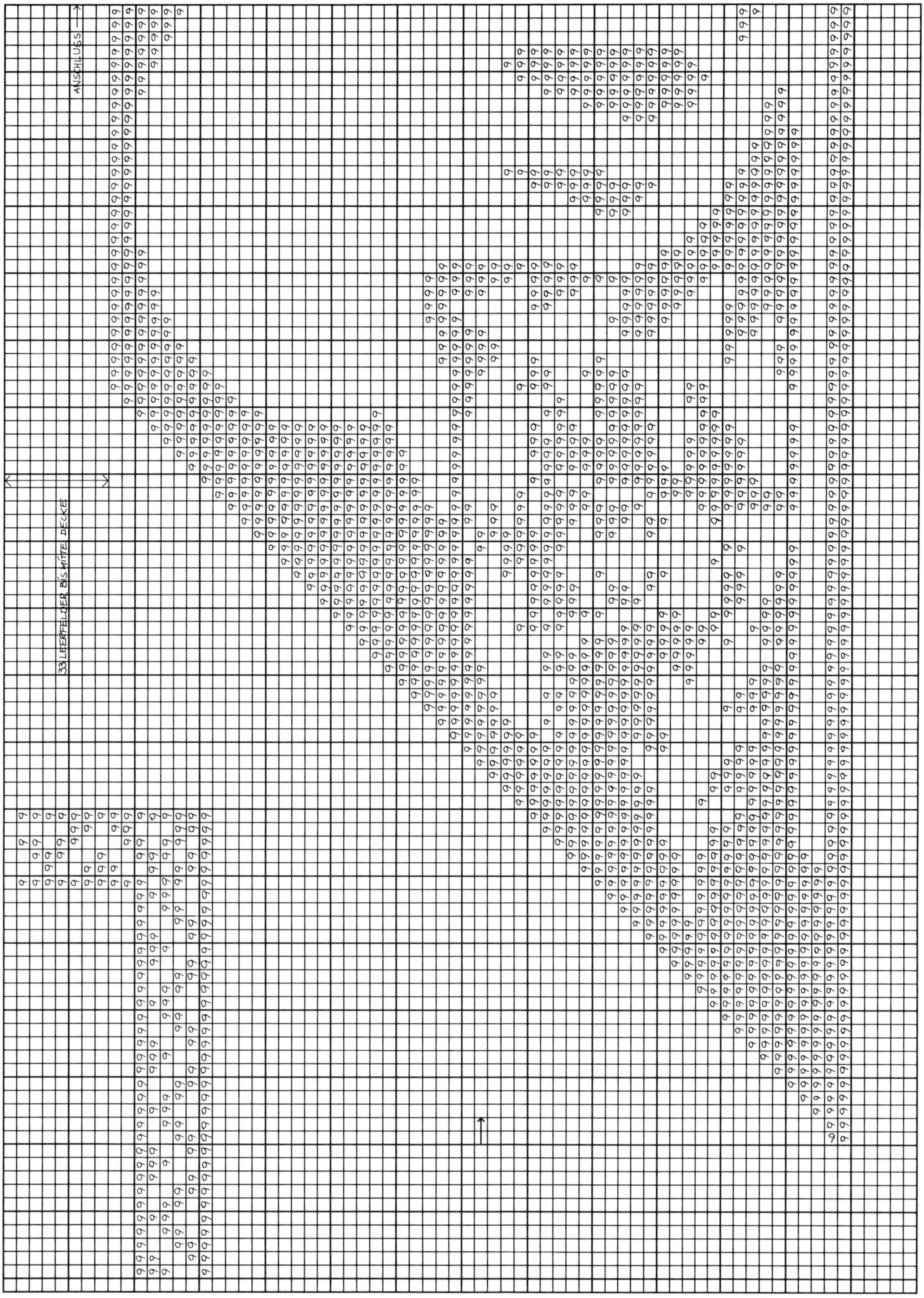

Zählvorlage Teil 2 zu Abb. Sitzender Hase

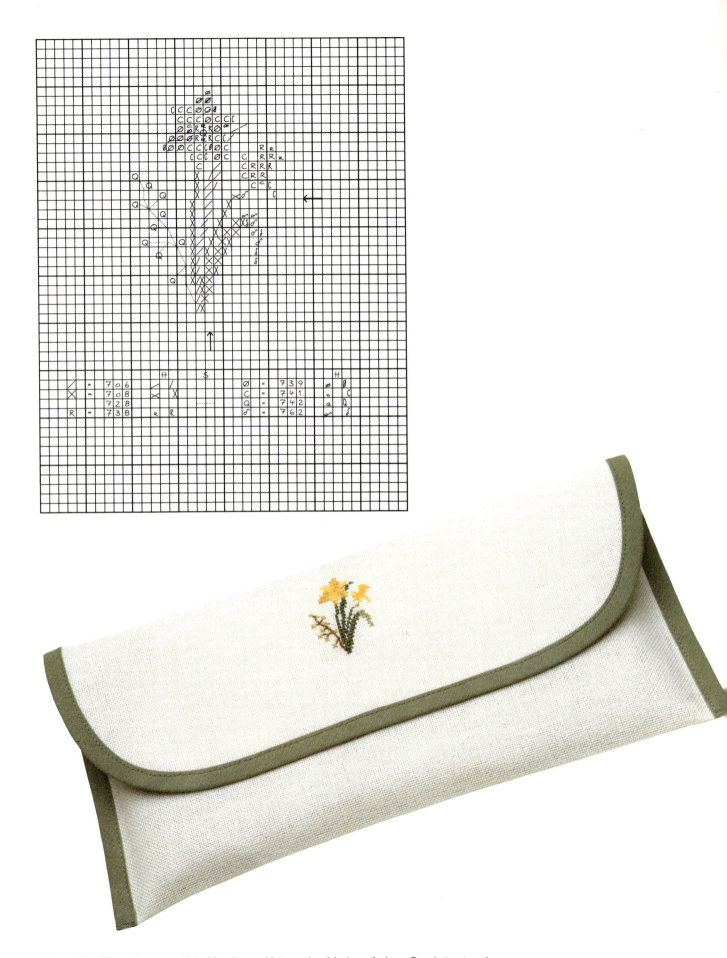

Oben die Zählvorlage zu Abb. Narzissen. Unten: das Motiv auf einer Serviettentasche.

Narzissen (Set, Serviette)

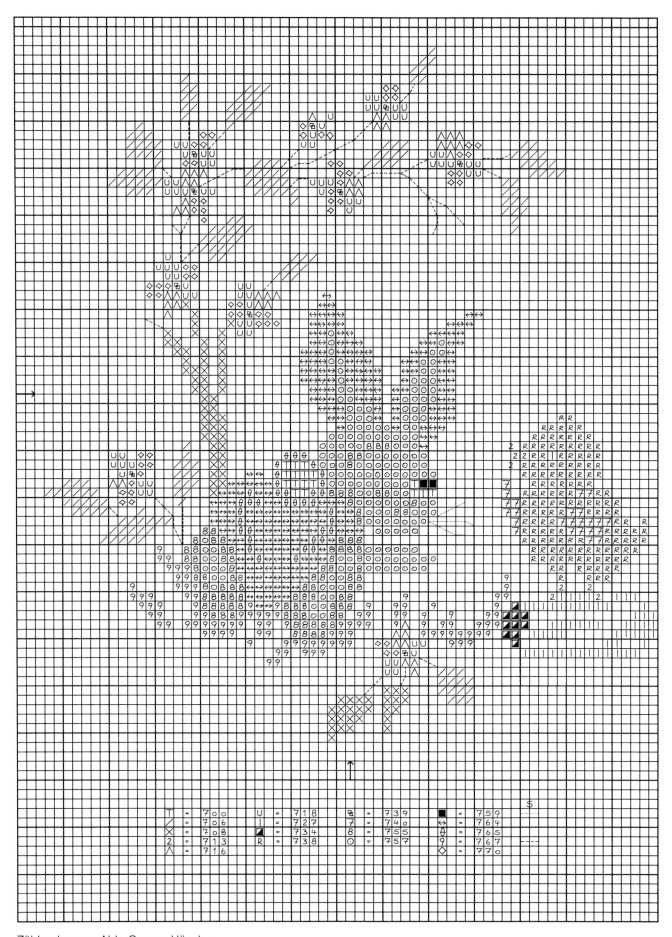

Zählvorlage zu Abb. Graues Häschen

Graues Häschen

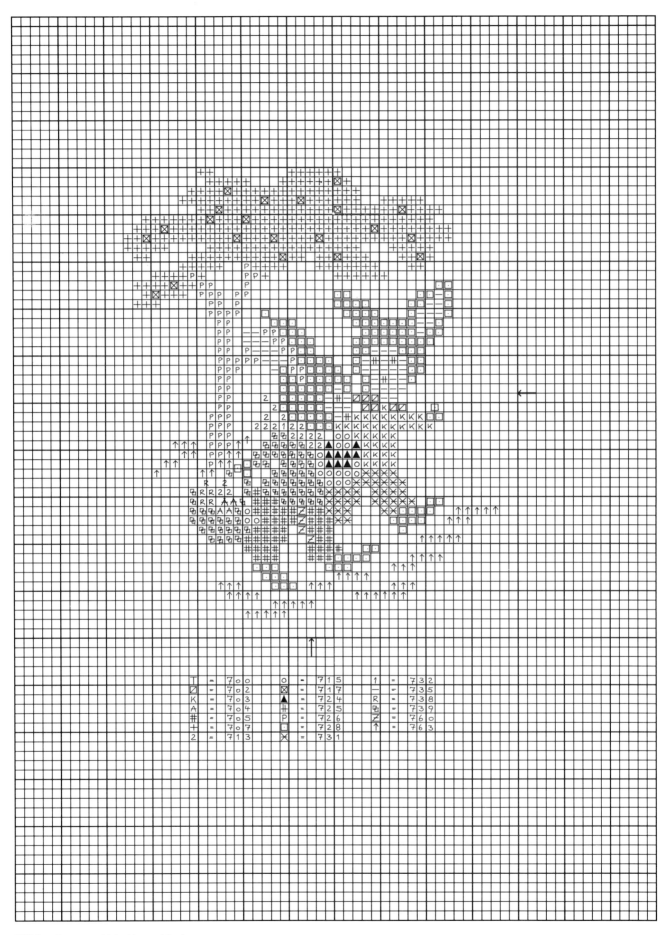

Zählvorlage zu Abb. Hasenkinder

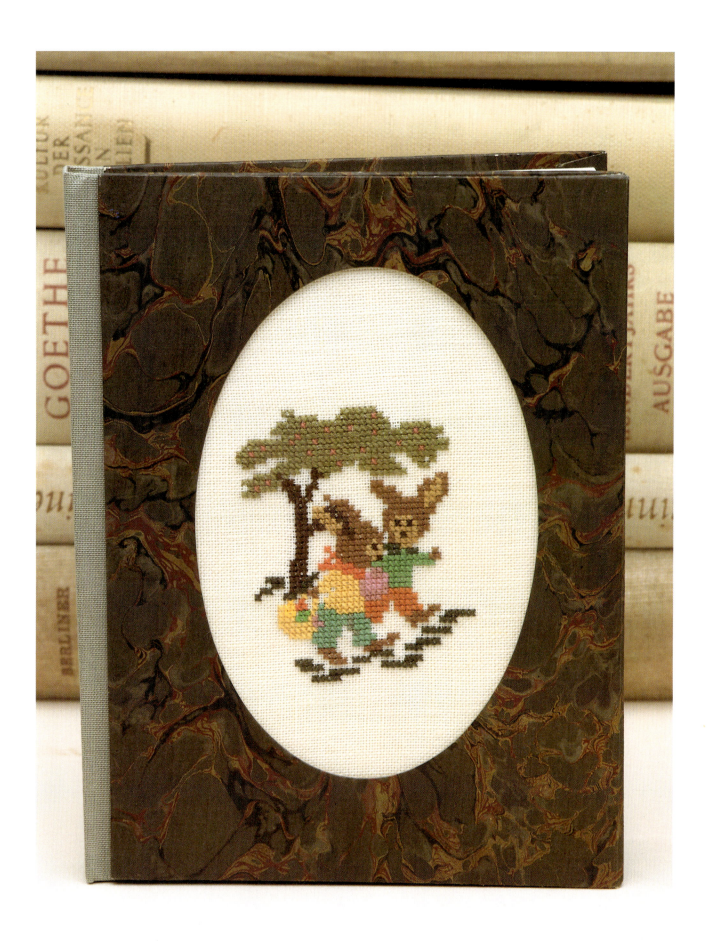

Hasenkinder (Passepartout-Buch)

Fröhliche Osterhasen im Kinderzimmer

Hasen mit Esel und **Hasen mit Fußball**

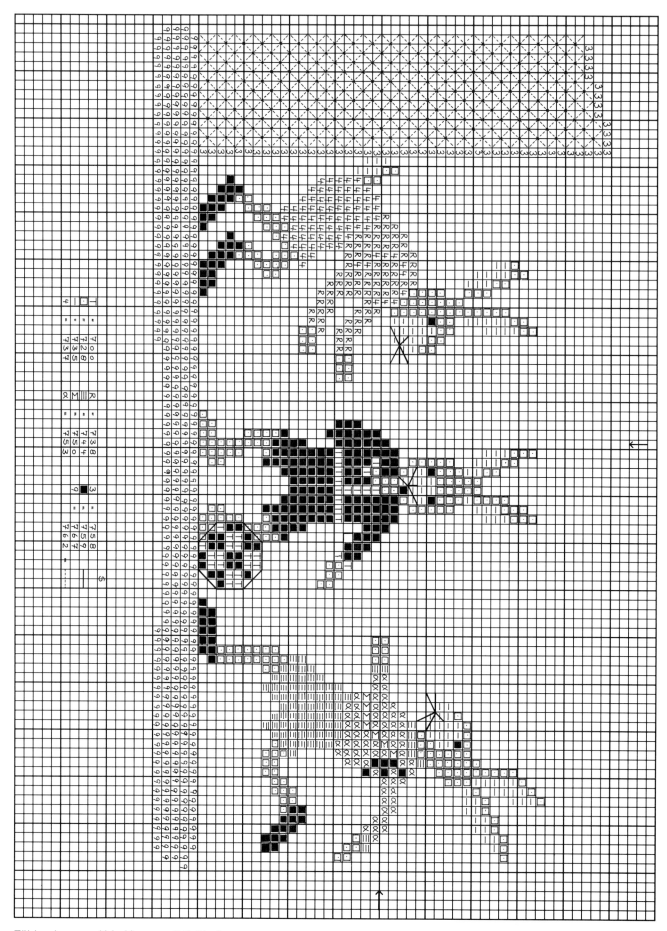

Zählvorlage zu Abb. Hasen mit Fußball

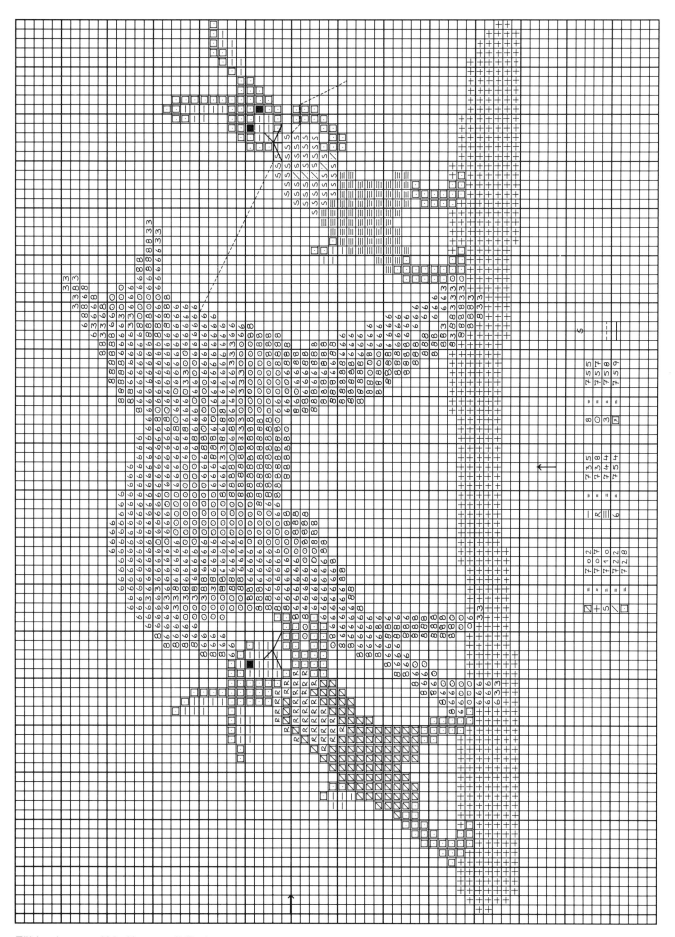

Zählvorlage zu Abb. Hasen mit Esel

Zählvorlage zu Abb. Hasen bei der Gartenarbeit

Hasen bei der Gartenarbeit

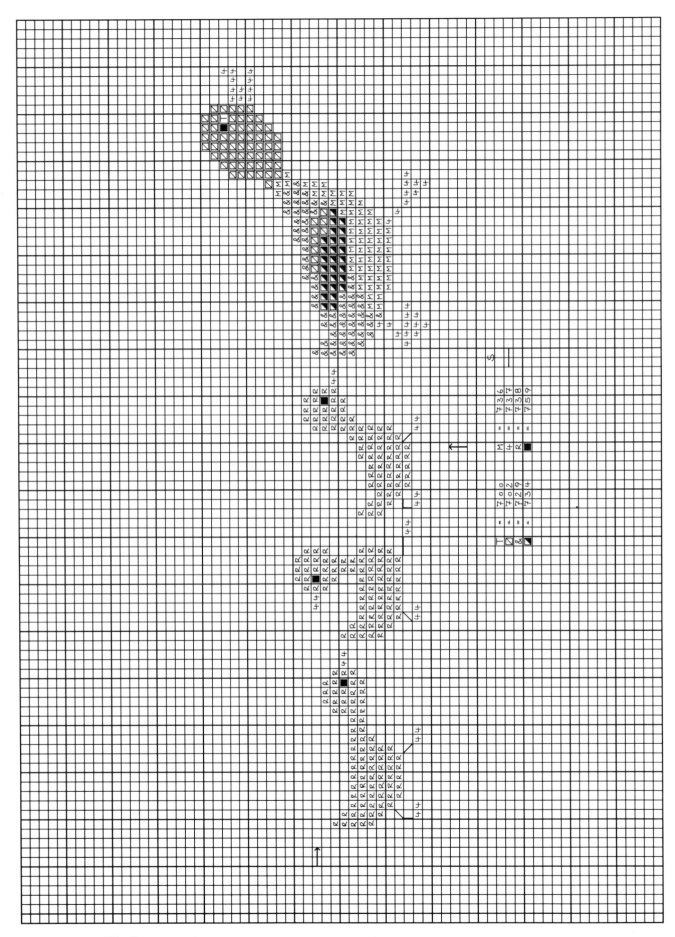

Zählvorlage zu Abb. Entenmarsch

Entenmarsch

Zählvorlage zu Abb. Hundsveilchen

Hundsveilchen

UHLENHOF
Stickereien
D-2432 Kabelhorst

Uhlenhof-Stickgarne
Uhlenhof-Kreuzstichmuster
Uhlenhof-Stickpackungen
Stoffe – Bänder – Zubehör

Fordern Sie Bezugsquellennachweis an:
Uhlenhof-Stickereien · D–2432 Kabelhorst

„Grundstoffe für Kreativität: Zweigart-Stoffe!"

Für jede Handarbeit – durch und durch gut!

Schöpferisch handarbeiten – Gefühl entwickeln für Farben, Formen und Strukturen.
Stoffqualität entdecken, Phantasie entfalten und Arbeitstechniken probieren.
Pädagogisch wertvolle Handarbeitszählstoffe wie Schülertuch „Linda", Reinleinen-Zählstoffe „Belfast" oder „Edinburgh", Kreuzstichbänder, Damaste und Bordina-Deckenstoffe natürlich von ZWEIGART – überall im Fachhandel erhältlich.

Bezugsquellennachweis von:
ZWEIGART & SAWITZKI
Postfach 120
7032 Sindelfingen